Poésie :

Etat de grâce permanent

Faculté à l'émerveillement sans cesse renouvelé

Vision tenace d'un éphémère subtil

Latence des mots

Sonorité interne

Poste d'observation

      Présent   insaisissable   Passé   confus   Futur

inconcevable

J'ai une idée précise du bonheur

Pour avoir enlacé sa forme pleine

Posé les lèvres à sa pudeur

Bu le paradis mains en coupe à sa pâleur

Le paradis est ici-bas ! Sur cette terre !

Dans le silence d'une femme et le vacarme de sa chair

Dans la danse de son pas et la grâce de sa main

Dans le chant de sa voix et la courbe de son sein

Notre Eden est en elle

Sot n'est que celui qui croit en l'au-delà...

L'univers est le chaos organisé.

L'amour en est l'exact opposé.

Le chaos n'est qu'affaires d'équilibres.

Aimer est infinies nuances de déséquilibres.

Moi qui seul me vois

Et seul me connais,

Je sais le magma des pensées et des rêves qui me bercent.

Le dieu des hommes m'est étranger,

Le dieu des hommes m'est inconnu.

Il n'arpente point mes rues

Où moi seul ne fais que passer.

Il est l'absent d'un absolu

Qui ne saurait guère me hanter.

Vivre m'est toujours ce tout

Dont mourir ne sera que le rien.

La naissance du poème est l'égale de celle d'un amour. Elle se fait en silence comme une nuit sur le jour. Elle est cette explosion muette dans le premier regard, ce tintamarre de ma plume à la course d'une lune, et ce soupir éteint quand tout le corps s'allume.

Etreindre ce doux moment

Le retenir Le prolonger

Lui seul serait un firmament

Lui seul dirait l'éternité

Aimer effleure la vérité

Quand tous les ciels sont épuisés.

Je suis muet, ne parle pas, et puise dans le silence

comme s'il m'était un encrier.

Gouttelettes de mots sombres

Egayent l'espace vierge de mes feuilles de cahier

Tapissent mon âme de leurs légères ombres

Comme le faisait jadis celle de ma bien-aimée.

Parmi tous les chemins possibles, parmi toutes les voies envisageables, je n'avais aucune option réelle. Les mots me sont grands vents et ouragans ; ils m'emportent… mais sans me dévaster.

(Au Présent)

Les gisants amoncelés

Les vivants étincelés

Les trajectoires formatées

(Au Passé)

Les figures sales

Les verges dures

Les pieds nus dans le sable

(Au Futur)

Les formes de solitude

L'absence de dieu

L'âpreté de l'adieu

Puis poussières et cendres reprennent leurs habitudes.

Que disent mes silences

Que déjà je ne sais ?

Ils disent l'impuissance

Malgré la volonté,

Ils disent l'ignorance

De l'unique vérité,

Ils disent la suffisance

De quelques initiés,

Ils disent l'intolérance

Et l'inhumaine vanité.

La poésie ne sait mentir.

Elle est seule lumière.

Elle est vie quand tout n'aspire qu'à mourir.

Elle est source et tous ses avenirs.

Elle est le chemin.

Je contemple…

Je contemple…

Silence souverain

Dans le creux de ma main,

Parole souterraine

Irriguant chaque veine,

Rares mots entendus

Dans chaque mise à nu,

La vérité jamais ne me sera rendue.

Au passé

Désertion des gisants

Au présent

Défaite des vivants

Au futur

Vérité du néant

Béance de la réponse impossible

Vertige offert aux hommes

.

Stridence de l'inaudible

Ombre inhumaine étreignant le globe.

Vie et Amour

Dieu ?

Effaceur de chagrin,

Pourvoyeur d'espoir,

Il ne fait de la main

Que le geste illusoire.

Mains jointes en la prière,

Murmures dissous dans les silences,

Quand dieu au cœur de pierre

N'a que faire des consciences.

Les vivants sur les morts

Suivent l'éternel chemin,

Subissent le même sort

Et croient aux lendemains.

Avenir n'est pas cartes à retourner.

Avenir n'est pas astres à consulter.

Rien n'est prédit,

Rien n'est écrit,

Je ne crois qu'en la vie

Et l'amour réunis.

Millions d'années réfugiées aux ténèbres

Hantent la mémoire des hommes.

Pluies de feu ont façonné la terre

Sous leurs regards inquiets ;

Ainsi leurs yeux entraperçurent les dieux.

Ô temps immémoriaux où l'homme n'était qu'enfant !

Quel fut le premier mot ?

Peur ?

Froid ?

Faim ?

Quelle fut la première langue ?

Mais quand donc s'est-elle perdue ?

Etait-elle déjà poésie ?

Poésie pure Poésie nue

Comme l'était leur vie ?

Ô temps immémoriaux où l'homme était enfant !

Quel fut le premier chant ?

Quelle fut la première joie ?

Quelle fut la première danse ?

Et le premier émoi ?

Afrique berceau

Toi seule renferme ce mystère.

Déesse de la lune

Ronde comme une mère

Dieu du feu et du tonnerre

Génie des eaux Djinn des dunes

Fils du vent ou du soleil

Fille de l'amour ou du sommeil...

Les dieux furent prolixes

Avant qu'on ne les fixe.

Puis le verbe devint puissant

Puis le verbe devint clair.

Il résonne encore en nos temps.

Il vibre encore en certaines chairs.

Un seul dieu tu adoreras Tu ne commettras pas de parjure Tu respecteras le jour du seigneur Tu honoreras ton père et ta mère Tu ne tueras point Tu ne seras pas luxurieux Tu ne voleras pas Tu ne mentiras pas Tu ne convoiteras pas la femme d'autrui Tu ne convoiteras pas les

biens d'autrui

Non plus poésie originelle

Ni poésie de l'interdit

Mais poésie qui offre un sens,

Indique une direction, un possible de vie.

Quitter le barbare primitif

Pour devenir barbare civilisé ;

Le poème fut ainsi détourné.

J'insiste et persiste.

Une seule vérité est possible.

L'unique.

Les anciens dieux furent réduits au silence.

Preuve de leur inexistence.

Qu'en est-il du dieu unique ?

Est-il l'inconcevable vérité ?

Ou l'homme n'a-t-il vécu que dans l'erreur ?

Ô sombre, sombre terreur,

Cela expliquerait bien des horreurs...

La liste infinie des tueries,

Le vol, le mensonge, la luxure,

La liste complète de toutes les infamies,

Preuve irréfutable que tout homme est impur…

Ô triste poésie

Que me fais-tu écrire ?

Toi qui fais de la vie

Le plus pur des chemins,

N'as-tu d'autre dessein

Que de me faire souffrir ?

A quoi bon l'intelligence

Si tout but est errance ?

Questionnement sans fin.

Des cieux, pas de réponse.

Des hommes, aucune main.

De l'amour, pas une once.

Il reste le silence, le silence du poème que l'on compose en paix, le silence de l'arbre que l'enfant accueillait, le silence du temps qui lentement s'écoulait, le silence des nuits où tout se reposait, et le silence de l'aube où le tout renaissait.

Et le silence des tombes,

Grises murailles de certitude,

Enrobera de sa belle ombre

L'écho des voix perdues.

ELEGIES DU SILENCE

Un silence

Tristesse contenue dans l'adieu

Fait valse tourment silencieux

A la main jadis sûre, devenue solitaire,

Qui n'étreint plus que l'ombre de ce qui fut la chair.

Lune rousse toujours pleine

Est devenu le souvenir.

Le silence du poème

Est le seul avenir.

Trois saisons

Tristesse de ces soirs aux pages retournées

Les souvenirs affluent en brûlante acuité

Pureté de la jeunesse et des premiers baisers

Il ne reste en mon cœur que cendres et fumées.

Que deviennent les ciels et tous leurs horizons

Quand vivre n'est qu'immobile en sa vaste prison ?

Où trouver une paix qui me soit une chanson

Quand les blés du silence sont unique moisson ?

Tristesse de ces soirs où mémoire alanguie

Retrouve l'image fraiche de la belle endormie,

Offrant à un regard la pureté d'une enfant,

Donnant sans le savoir un éternel présent.

Aimer fut trois saisons puis s'imposa l'hiver,

Mais elle fut le prénom qui repoussa l'enfer.

La silencieuse

Elle ne parle pas

Murmure

Dans l'écrin du jour

Elle passe sans bruit

Légère

Son ombre s'évapore

Un ciel

Ses yeux capturent

Du bleu

Elle fait un doux velours

A la courbe

Sa main enlace

A la vieillesse

Ses cheveux font un lit

Sommeil de ma voix

Silences apaisés

Echo de ses sourires

Vacarme de la neige

Elle ne parle pas

Murmure

Promenade d'hiver

Je peux suivre ses pas

Ses empreintes sont fraiches

Je ne les perdrai pas

Naissance d'un printemps

Elle embellit l'ivresse

Toutes saisons confondues

Elle cristallise enfin

Ce fut une brise légère

Qui vint me l'annoncer

Depuis ce jour béni

Chaque vent des étés

S'en vient le rappeler

Cheveux fous

Enroulent à mes paupières

Confiant

Je les laisse chavirer

Et ma vue devient rousse

Elle ne parle pas

Balbutiements

Immobile je me tiens

Tout mouvement interdit

Je contemple

A l'est un astre brille

Ce soir après sa course

Il l'aura réchauffée

(Ne dis rien

Puisque tu ne parles pas)

Toutes ces couleurs d'elle

Font un blanc silencieux

Un temps vierge

A l'étreinte inachevée...

L'absente

Temps noirs

Titubent d'ennui

De dégoût et de rage.

Décombres

Eparpillés d'années,

Il n'est de silence sûr

Qu'en la pitié des tombes.

Ainsi passent les heures

Souillées de son silence.

Echos à ses pupilles

Je garde les yeux ouverts.

Etreintes émiettées

A mes mains entrouvertes

J'ai la dure contrainte

De devoir les fermer.

Elle dicte le silence ;

Chut, chut, chut, cher enfant.

Elle dicte le silence

Mais annule le regret.

Lui

Il conjugue

Désespéré

Dans un ciel concrètement vide

Un ciel en creux

Ou replié

Un ciel qui se tait

Paradis silencieux

Absurde Eden

Absurde vœu.

Elle

Elle est sous-jacente au poème muet

Elle est poème de la contemplation

Silencieux mais têtu

Elle est divagation

Au fil d'une eau séculaire

Qui n'a de source qu'un regard.

Elle est sous-jacente au silence

Est la sœur de l'absence

Est l'épouse du manque

Est la femme en retrait.

                                                    Acuité

Elle ne l'a jamais aimé.

Le poète est vacillant

Ne sait plus où donner de la voix

Parcourt des distances inutiles

S'installe dans les évitements, les interstices sublimes, les

écarts de conduite,

Revient à mauvais port

S'assombrit de silence

Et tente une survivance.

Mais elle ne l'a jamais aimé

Du mot entier,

Du bloc de pierre

Qu'il eut pu soulever,

Brandir à la lumière,

Lancer à la poussière,

Pour se redéfinir.

Elle ne l'a jamais aimé.

Le poète le sait,

Le voit avec cette acuité

Qui le fait vaciller,

Ne plus savoir où…

Donner…

Voix…

Verbe...

Etre.

Voleuse

Voleuse de sons

Fait l'étreinte muette

Défait le sens du mot

Compose la mélodie

De l'absurde silence

Nie les lèvres entrouvertes

Qui aimaient à dire

Aimaient à rire

Aimaient à aimer.

Ventre-peur

La voix a chuchoté l'adieu...

C'était une nuit de lune noire

Une nuit de lune âpre

Une nuit d'abandon

Sèche et esseulée

Une nuit froide

Désargentée et creuse

Une nuit vagabonde

Une nuit maraudeuse

Dont il revint bredouille

Une nuit de silence

Quand il ferma les yeux.

Depuis,

Elle ombre la transparence du jour

Et dissout la mollesse des contours.

Trente ans déjà de dur labeur,

Trente ans déjà de ventre-peur.

Le squelette

Immobile

Le flux et le reflux des pensées sordides

Morbides

Le squelette du bonheur s'agite dérisoire

Sa viande est avariée

Ses dents déchaussées

Sa voix n'est que l'écho du dernier gémissement

Purulente mélodie du souvenir

Sombre fièvre de l'impossible oubli

Toute option reste vaine.

L'endormi

Le poète se consume

L'absente est âcre fumée.

Attente absurde

Comment s'en délier ?

D'elle, il ne sait que prier…

Prier et bégayer.

Le poète se consume

Mots de cendres sur le papier.

Reste une vaine immobilité

Cri silencieux mutilé

D'elle il ne sait que se dévêtir

Etre nu pour tenter l'oubli.

Le poète se consume

D'elle il n'enlace que l'ombre

Amère étreinte

L'absente fait l'étrange présence

Comment pourrait-il se soustraire ?

Le poète somnole…

Puis, dans la fumée des lettres d'or,

S'embrase soudain !...

Et s'endort.

L'immobile

Ce temps sans elle n'est pas le temps,

Il n'est que vie dans son contraire,

Un incessant silence de pierre,

Un manque en creux si entêtant,

Une joie bourdonnante mais souillée,

Des larmes sèches comme en suspens,

Un corps inerte et démembré

Que la mort s'échine à rejeter.

Ces longues années sans elle

Ne furent pas des années,

Juste quelques pages blanches

A peine écornées,

Un poème ci et là

Pour retrouver sa voix,

Et des mots si bancals

Qu'ils imitent le râle.

L'obscurité sans elle n'est pas l'obscurité

Elle n'est qu'une flaque sombre

Sans parfum ni chaleur,

Une peau sans cette sœur de l'ombre

Qui savait donner l'heure,

Une mare aux eaux croupies

Qui lui tiennent lieu de lit.

Le silence lui-même

N'est plus guère le silence.

Il est cette stridence

Qui martèle les temps,

Soulève les paupières

Quand les heures s'ensommeillent,

Fait le rêve immobile

Arpenteur d'insomnies.

Le parfum

Persistance du souvenir

Dans le silence de sa pâleur

Dieu qu'elle était attendrissante

Sa peau de l'innocence

Sa peau de l'éternelle enfance

Trace de craie blanche

A mon vieux tableau noir.

Variable de l'envie

Dans les plis de mes draps.

Son parfum s'en est évaporé

Lui qui me chavirait s'est enfui

A pris le large

Dans les plis de mes draps

Dans les froissures de l'oubli...

Elle disait souvent : les arbres ont une âme.

Je me taisais alors

Et contemplais sa nuque.

© 2018, Tayeb Alain Boualam

Edition : BoD - Books on Demand
12/14 rond-point des Champs Elysées, 75008 Paris
Imprimé par Books on Demand GmbH, Norderstedt, Allemagne
ISBN : 9782322123377
Dépôt légal : mai 2018